Recuento de ilusiones
Norberto Garcés

Colección Baños del Carmen

Norberto Garcés

Recuento de ilusiones

Accésit Premio Vitruvio de poesía

EDICIONES VITRUVIO
Colección Baños del Carmen,
nº 1004

www.edicionesvitruvio.com

Un jurado compuesto por Cova Sánchez-Talón, Alfonso Berrocal, Silvia Roa y Pablo Méndez, acordó conceder un accésit al premio Vitruvio de poesía a *Recuento de ilusiones*, de Norberto Garcés.

Primera edición, 2024

© Ediciones Vitruvio
C/ Menorca, nº 44
28009
Madrid
Teléfono: 91 573 21 86

ediciones vitruvio, nº 1. 656
ISBN: 978-84-128578-4-9

Recuento de ilusiones

ILUSIÓN:

1. f. Concepto, imagen o representación sin verdadera realidad, sugeridos por la imaginación o causados por engaño de los sentidos.
2. f. Esperanza cuyo cumplimiento parece especialmente atractivo.
3. f. Viva complacencia en una persona, una cosa, una tarea, etc.

Diccionario de la lengua española.
Real Academia Española

Primera parte

ÍNCIPIT

Después de abandonarme tantos años
vuelves a mí otra vez. ¿Dónde estuviste?
¿En qué lugar remoto te escondiste
con la salada miel de tus engaños?

Desamparadamente y entre extraños
he vivido estos lustros. ¿Comprendiste
el dolor que causabas? ¿Descubriste
que no era digno de ir por tus peldaños?

Dame tu flor cautiva, tu belleza.
Dame la fuerza del ayer prohibido.
Dame la compañía del herido.
Dame el rastro del oro y su pureza.

Recuperar tu aroma plenamente:
la aurora cotidiana de lo ausente.

ROSEBUD

I

A veces pienso en ti, vaquero colorado
que montabas a pelo
tu caballo de indios y de goma,
y en tu rancho de alambre y de madera,
y en el cine agrisado de todas tus hazañas.

Eran tus aventuras mi dominio:
monólogos armados del color del ensueño,
proezas revestidas de dignidad y orgullo,
el valor de acabar lo comenzado
con la fidelidad de la inocencia.

Eran tus aventuras imágenes doradas
del porvenir previsto:
cabalgar sin desmayo, perseguir mansamente
la magia del ocaso en la llanura,
un mundo ilimitado en un palmo de tierra,
derrotar con ahínco
la apagada locura de los hombres.

Siempre estabas presente,
incomparable amigo,
en los juegos templados que la niñez redimen,
no solo en los espacios propicios a tu mundo,
también en mil lugares
que un vaquero no puede atisbar ni siquiera:
castillos medievales levantados en nada,
ciudades despobladas del desierto,
o sabanas repletas de animales salvajes,
siempre con tu caballo alejandrino,

cuyos ojos, marcados con pintura,
reflejaban fugaces los deseos,
con tu rifle adherido a los dos brazos
y tu mirada limpia entre espacios rurales.

A veces pienso en ti, vaquero solitario,
que un día te marchaste sin rüido,
¿Por dónde te extraviaste,
mi amable compañero?
¿Fuiste a parar a un limbo poblado de fantasmas?
¿Te pudres olvidado en un lugar ignoto?
¿O simplemente vagas por el negro agujero
donde también se alojan proyectos incumplidos?

Rosebud, Rosebud: reliquias de la infancia.

II

Pero no nos pongamos demasiado románticos.
La añoranza es la hiel salobre de la vida.
Al recordar, mentimos y evocamos los sueños,
ya se sabe, vaquero fugitivo.
Si tú eras solamente el lejano pretexto
en el que proyectar las ilusiones,
con el que dibujar el arco iris,
que no son bagatelas,
de haberme acompañado en estos fríos tiempos
hoy fueras poco más que estos triviales
objetos que no importan en la tierra
o que se han consumido lentamente
con el ajado roce de las grises jornadas.
Descansa en paz, vaquero imaginario,
y que descanse en paz
la fiebre iluminada de la niñez perdida:
cada etapa vital guarda una rosa
oculta entre los cardos del camino.

MTGP

Ciertas noches oscuras te iluminan,
te arrancan vagamente del silencio,
vuelves de pronto a hablar,
inmaterial presencia,
recuperas la luz aniquilada
en estos treinta años de niebla y de locura.

Y oigo nítidamente tu sonrisa,
percibo entonces tu color de lleno,
me llega la sonora certidumbre
de atravesar de nuevo la densa adolescencia.

El rostro que la edad casi ha desdibujado,
los lugares aquellos que olvidé o no frecuento,
y las mismas anécdotas, bien que distorsionadas,
resurgen en la mente adormecida,
cíclicamente fieles a su espuma.

¿Por qué será que no desapareces?
¿Por qué arcano motivo te asomas ciertos días?
¿Para no enloquecer en la penumbra
de la ingrata verdad que no escogemos?

MELANCHOLIA

Ni siquiera te expresa con justicia
el hermoso grabado de Durero
y se queda muy corto el tratado de Burton.
A veces se aproximan a tu esencia
ciertas piezas de Mozart y de Bach,
las páginas sublimes del *Quijote*,
los rostros que esculpiera el genio florentino,
los ojos imborrables del lienzo velazqueño.

Cómo pudiera yo, sin su talento,
precisar tu figura.
Recuerdo la mirada de una niña
en un andén del metro de París,
y un otoño amarillo en el Retiro,
recuerdo las palomas de un alféizar
de un hotel miserable de Manhattan,
recuerdo el primer día de mi primer trabajo.

Pero apenas si trazo borrosas perspectivas
que solo para mí resultan ciertas,
porque eres desde siempre inexpresable,
negra bilis del alma.

PAIDEIA

Los griegos lo inventaron, como todo.
Y a una cierta edad se nos impone
el halo protector de su firmeza,
el calor que desprende el roce dulce
de su tranquilidad tan necesaria.

Sentir que toda el alma se serena
con el rayo fugaz de cuatro notas,
que el afán y el dolor desaparecen,
que el mundo y sus problemas ya no existen.
Pero no porque un dios nos transfigure.

Cuando carece todo de sentido,
cuando impera el desorden o el trastorno,
a veces un sonido, una figura
bastan para acercarnos tu armonía,
sabiduría alada de los griegos.

DE AMICITIA

Hace ya muchos años que murieron
entrañables amigos de la infancia.
La distancia y el tiempo y su vorágine
terminaron también con relaciones
que irrompibles acaso parecían
en los primeros pasos juveniles.

¿Y quién me iba a decir, querida Maite,
queridos Luis, Modesto, Ramón, Toñi,
Ester, Antonio, Alfredo, Carlos, Paz
que os iba a ir perdiendo en este invierno
en que se ha convertido mi existencia?

La vida nos ha ido separando
como la muerte solo pueda hacerlo
y de nuestra amistad solo pervive
la amarilla hojarasca del pasado.
Cómo encontrar ahora sustitutos
de vuestro afecto y generosidad.

Aunque quizás me engañe un espejismo.
Preferible es pensar que aquellos sentimientos
fueron reales como las montañas.
los desiertos, los ríos o las nubes,
para no acibarar mis soledades
con esas disonancias que manchan la memoria.

OMNIA VINCIT AMOR

Hace ya tantos años que no escribes
versos arrebatados al amor,
que ni un endecasílabo amoroso
te ha deparado la pasión primera,
ni siquiera un mediocre alejandrino…

No sé si consideras que la edad
sepulta los destellos de otros tiempos,
que temprano o bien tarde todo muere,
que las ascuas se tornan gris ceniza,
que no muere el amor sino nosotros.

Quizás tengas razón, los sentimientos
llevan impresa su caducidad,
y apenas nadie el evitarlo puede.
Pero intentarlo es un deber del hombre:
cultiva la fragancia de las rosas
y lucha por que duren otro día.

YO TE DARÍA, AMOR...

Yo te daría, amor, todos los sueños,
eliminando solo lo que tienen de grises,
te daría el verdor de los trigales
y el contorno azulado de los montes,
la vivencia entusiasta de los amaneceres
y hasta ese mar de cosas que nunca poseí,
te daría la imagen que tu mente forjara
en el espejo opaco que mi ser desfigura.

Yo quisiera decirte
que nunca va a llegarnos el otoño
y que un cuarto de siglo no cambia el sentimiento,
suavemente decirte
esas palabras justas reiteradas,
decirte con los ojos que afectarnos no puede
el lento desvivirse cotidiano
en que consiste siempre la existencia.

Pero son concesiones y palabras
que, como tú bien sabes, no domino.
Qué le vamos a hacer. Lástima grande
que el cielo azul se cubra a menudo de nubes.

VARIACIONES SOBRE TEMAS DE CATULO

I

Cuadernos escolares con viejas traducciones
del poeta latino de Verona;
versiones inocentes en prosa desmañada
de sus tensas palabras, imposibles
de proyectarse en un idioma ajeno;
y esa voz *delirar* que sustituye
con cándida torpeza
el *ineptire* del octavo carmen;
las líneas del análisis, precisas,
y el lápiz desvaído como un recuerdo antiguo.

Allí os encontré, respirando en el polvo
de una cámara sucia que nadie había limpiado
en más de treinta años.
Treinta años, mi amor. Casi los mismos
que conozco la luz de tu presencia
y ese dolor de no alcanzar contigo
los sueños y deseos: vencidas ilusiones.

Uno siente a menudo que su vida
ha transcurrido en vano por no seguir un verso:
Vivamus, mea Lesbia, atque amemus.

II

¿Qué cuántos besos tuyos, me preguntas,
podrían parecerme suficientes?
Ni los granos de arena de todos los desiertos,
ni las gotas de agua de mil mares y ríos,
ni el número de estrellas que miran, envidiosas,
los amores furtivos de los hombres
son bastantes, mujer, para trabar la suma
imposible de besos deseados.

III

No sé si he sido noble ni honrado ni sincero;
si cometí esos actos que manchan la existencia;
si merezco siquiera la compasión del mundo.

Solo sé que los días aumentan mi tortura
y que, amándote más, te quiero menos
y que mi salvación solo tiene un camino:
escapar de esta pena, de esta vida morbosa,
del criminal veneno del amor,
que hace crecer aún más este ocio insano
con dosis de silencio y amargura.

IV

Déjame que te escriba
esas cartas de amor que ya no existen,
que te rocen los labios suavemente
y estremezcan tu voz con un suspiro.

Déjame que te escriba
los poemas de amor que Catulo escribiera,
penetrantes e intensos como una puñalada,
como un beso de amor de dos adolescentes.

Déjame que te escriba
palabras sin sentido, balbuceos,
ecos sin voz, locuras envolventes
que el espejo reflejen de tus ojos.

Déjame que te escriba
arrebatadamente,
que te escriba de amor y de deseo
con la furia y la fiebre de un hombre enamorado.

Déjame que te escriba.
Déjame que te escriba.

A TODOS NOS PERSIGUE...

A todos nos persigue desde la adolescencia.
Su propia urgencia entonces nos perturba,
altera el equilibrio, alborota la mente,
y al cabo pasa como estéril nube.

Qué invento, amigo mío.
La fiebre, el arrebato de una ausencia
son la piel de su máscara imprecisa;
su rostro verdadero, un amasijo
de decepciones que jamás nos sacian.
Y todo envuelto con sutil señuelo:
espejo del vacío suele ser la belleza.

Pero no es lo peor, probablemente.
Lo verdaderamente insoportable
consiste en que a menudo nos siga dominando
en mitad del camino de la vida.

Tú sabes de qué hablo, mi hermano y semejante.

CÓMO DECIRTE HIJA…

Cómo decirte, hija, que te entiendo.
Porque tu malestar adolescente
no me resulta ajeno ni distante,
solo una forma más del vil fastidio,
universal especie turbadora.

El tedio que resume nuestra vida,
sofocante plañido del agobio,
la inquietud de la hora interminable,
el sucederse lento de los días,
todo repite siempre una enseñanza:
la realidad no encauza los deseos,
apenas si es su sombra embaucadora.
Una mota de polvo nos perturba
el sosiego fugaz de la existencia.

Pero son éstas cosas que se aprenden
con una sucesión de desengaños
y no responderán a tu experiencia.
Tu desorientación es tal la mía.
Pero quizás la tuya es pasajera
y puedas disfrutar del arco iris
entre el sol y la lluvia del futuro.

Cómo decirte, hija, que comprendo
tu abrumadora espera ilusionada.

IMITACIÓN COMPUESTA

Cuando comienza mayo y son largos los días,
un gozo es contemplar la gloria de las flores,
la hierba en su esplendor, el aliento del mundo.
Y es grato recordar el dulce amor de lejos,
imaginar sus manos, sus ojos y su voz
con la belleza exacta de un lago misterioso,
el gracejo entrevisto de sus parcas palabras
que prometen ventura y el solo paraíso
que cabe todavía desear.

Por ti rechazaría las mujeres
que cruzaran un día mi camino,
por fuertes y fronteras.
También renegaría
de todas las princesas bronceadas,
del contacto carnal de los veranos.
Pues no intento siquiera estorbar el destino
que me condujo a ti.

Escucha lo que digo, mis palabras retén,
hasta que llegue el día en que podamos
descubrir juntos ríos, disfrutar de los valles
floridos y sombríos
cuando la azul certeza de un encuentro
desvanezca por siempre el sobresalto
de esperar en silencio un correo electrónico.

INTÉNTALO, LIBERTY, INTÉNTALO

¡Las cosas que hemos visto!

No hubiéramos podido ni vislumbrar apenas
cómo brillan los rayos
oscuros en la puerta de Tanhauser,
ni hubiéramos podido contemplar
infinidad de objetos que nunca imagináramos.

La historia siempre empieza
con un ofrecimiento irrechazable
y atrapa la materia que fecunda los sueños.
Pero en su desarrollo los encuadres
resultan a menudo muy borrosos.
Y sin saberlo estamos
marchando presurosos a la muerte,
nos vamos a dormir temprano muchas noches
hasta reconocer que se agotó el futuro,
que no ha de repetirse nunca el día
aquel en que creímos
que había de quedarnos para siempre
la ciudad de la luz.

BUSCABA EN EL DIAL…

Buscaba en el dial de un viejo transistor,
hace ahora de aquello treinta años,
una emisora nueva que aliviara
el sopor de una tarde de verano.
Y Euterpe apareció con el cortejo
de sus otras hermanas delicadas.

Treinta años oyendo desde entonces
de Marsias el sileno la seductora flauta,
con el canto de Arión, la cítara de Orfeo,
la persuasiva voz de las sirenas.
Treinta años sintiendo desde entonces
el alba universal de su belleza
y un tropel de emociones inefables
con la combinación de los sonidos.
Como gotas de lluvia, como el viento,
el misterio, la luz y la dulzura,
un acorde total con la Naturaleza.

En horas de tristeza, su alegría,
en horas de pasión, su azul ternura,
su grata compañía en el abismo
cotidiano y feroz de la existencia.

Regalo imponderable, inmarcesible,
verdadero consuelo de la vida.

NO RECUERDO SU AUTOR...

No recuerdo su autor pero nunca lo olvido.
El cuadro sugerente
de cierta galería moscovita.
A lo lejos ufanos triunfadores
y muy cerca las víctimas inertes,
sangre sobre la nieve y la derrota.
Un general revisa sus tropas relumbrantes
y cientos de cadáveres se hielan en la estepa.
El sufrimiento inútil y la muerte
sirven para que inflados vanidosos
pavoneen sus éxitos, impunes.

CANON

La templanza de Héctor, la cólera de Aquiles,
las astutas argucias del astuto Odiseo,
la mirada perversa de la infame Medea,
la mirada perdida del miserable Edipo,
los versos encendidos del poeta Catulo,
la palabra brillante del ilustre mantuano.

Los tesoros secretos del Infierno dantesco,
el aire bullicioso de una tragicomedia,
la humanidad profunda de un genio de Alcalá,
las joyas que atesora la musa castellana,
los mundos exaltados de un dramaturgo inglés.

La historia apasionada de Ana Karenina,
la desdichada historia de madame Bovary,
las guerras y las paces de un ruso visionario,
el verbo desatado de otro ruso nervioso,
la aventura inquietante de Ana, la Regenta,
la amargura cruzada de esposas galdosianas,
el ruiseñor enfermo de un romántico herido,
el cosmos que renace del sabor de un buen dulce,
la amarga inteligencia de un poeta maldito,
la Grecia revivida en otra Alejandría,
los enigmas lunáticos de un argentino ciego,
la estirpe inimitable llena de soledad,
el verso de Cernuda, los poemas de Biedma
y en un cuadro de Rembrandt mi vida proyectada.

Y muy cerca de aquellos algunos nombres más:
las marañas y enredos de bíblicas historias,
el encanto aludido en los ecos de Safo,
el pensamiento alado de la obra de Platón,
el lamento elegíaco de poetas latinos

o la delicadeza de líricos romances,
el aroma y la savia de algunos trovadores,
los cuentos de Boccaccio,
los relatos trenzados del planeta de Artús,
el laberinto inmenso que forjó el gran Ariosto
y las obras de Lope, de Molière, de Racine.

La fábula siniestra de unos viajes extraños,
la grácil perfección de un cuento de Constant,
los ambiguos confines del confundido Kafka,
los parajes verbales que concibiera Joyce…

Llegados los cuarenta tendemos a hacer listas:
la lista de la compra, los compromisos necios,
ciertas obligaciones de oficios bien absurdos,
la lista de las cosas que quedan por mirar.
Pero entre todas ellas me faltaban los libros,
la lista de los libros que siempre me acompañan.

COMENTARIO DE TEXTO

Llevas ya tantos años hablando de estructuras,
hablando, entre silencios, de temas dominantes,
de artificios retóricos y expresivas licencias,
de fuentes indudables y originales tramas,
que casi te apetece el comentario
a la torpe manera impresionista
y el cotejo glosado de voces textuales
con sensaciones propias y propios pensamientos.

Y tomas, por ejemplo, un poema de Borges,
el poema famoso del lúcido argentino
en el que se arrepiente de una vida
que no le ha dado la felicidad,
desenredas sus sílabas gordianas
y te encuentras de nuevo desvalido,
te reconoces aunque no lo quieras
y confiesas, tal vez, con apagadas lágrimas
que tu existencia se torció hace mucho
y que te queda una certeza solo:
la sombra de haber sido un desdichado.

SON CAPRICHOS DEL ORDEN ALFABÉTICO

Son caprichos del orden alfabético,
o una burla insondable del destino.
En mis estanterías a César lo flanquean
Cicerón y Catulo;
el mediocre soldado de un tal Céspedes
saca pecho arrogante al hidalgo manchego;
Proust tapa sus oídos
por los gritos airados del feroz Gargantúa;
y hasta mi propia tesis doctoral
es vecina inconsciente de Menéndez Pelayo.

¿Se puede soportar que ni muriendo
podamos liberarnos del murmullo
desolador y rancio de la vida?
¿Se puede soportar que nos persiga siempre
el lugar donde anida la tristeza?

ÉL ESCRIBIÓ UNA VEZ

Él escribió una vez que era la vida
un susurro de hojas con eco y sin retorno.
Tenía veinte años y no sé si fingía
o tomaba prestados sentimientos.
Soñaba, en cierto modo, ser poeta
de una estirpe preclara: Garcilaso,
Catulo, Baudelaire, Gil de Biedma, Cernuda…
Aunque los traicionaba muchas veces
con vocablos sonoros y una voz impostada,
natural consecuencia de su edad.
No llegó ciertamente a convertirse
en uno de sus bardos preferidos.

Leo ahora sus versos con piedad infinita,
los versos que jamás intentara hacer públicos,
y descubro a menudo, sin quererlo,
la fácil tentación de la retórica
manida y lacia del surrealismo,
recorriendo un sinfín de galopados párpados,
su ritmo torturado en vaguedades
y un poso de experiencias distraídas.

Se lo diría todo
despacio, si no fuera
inasible frontera la memoria,
si no permaneciese en sus palabras,
vilano del olvido,
la sangre de una herida hacia el ocaso:
quizás hoy sí pudiera transmitirle
la razón de la escarcha,
que tanto se afanaba en descifrar.

PUESTOS A HACER BALANCE

Puestos a hacer balance, ya tocaba
hablar, viejos amigos, de vosotros
y agradecer los dones recibidos.

Fue vuestra compañía el equipaje
de tanta infranqueable soledad,
vuestra sombra, el cobijo de las dudas,
la chispa del amor por la belleza.

Nada puede imitar el viento entre las hojas,
resulta incomparable el roce de los troncos,
y mirar a las copas trasciende los momentos.

Vuestra existencia enlaza
mi presente veloz con mi pasado,
nobles encinas, imborrables hayas,
robles eternos, pasajeros chopos,
centenarios olivos, florecidos almendros.

Hallar en sus raíces la dignidad futura…

VITUPERIO Y ELOGIO DE LOS LIBROS DE TEXTO

De nuevo otra reforma educativa.
Cambiar lo programado y sustituir los textos
por otros que tampoco alcanzarán sus metas.
Revisión de palabras fugaces como nubes
con la desgana impropia de un doctor
que aprendió la tibieza de todos sus mensajes
y su tosco carácter fragmentario:
la torpe antología, la inútil selección
de versos y relatos: páginas desnatadas.

No siempre fuera así. Comencé a amar la historia
en un libro de séptimo
con soldados de plomo en sus cubiertas negras,
y un volumen cuadrado y de un intenso azul
me anunciara la miel de las palabras,
el esbozo atrayente de ciertas biografías.

Y todavía hoy, cuando repaso
la sutil estructura de la lengua de Roma,
lo hago con un manual de tercero de bup.
Y el insaciable afán de contemplar lugares,
esculturas y cuadros, ciudades, edificios
me viene de sus fotos.

¿Cómo no amar así los textos escolares?
¿Cómo no perdonarles sus triviales defectos?
Yo vi por vez primera entre sus páginas
la pintura encantada de Vermeer y Velázquez,
por ellos supe, sí,
que en Salzburgo naciera la armonía
y lo que hizo Cervantes
en los años perdidos en que no publicara.

Un lugar señalado en mis estanterías
ocupan estos libros que anunciaron
la pasión de vivir con un destino:
conocer, comprender y verlo todo.

HISTORIETAS GRÁFICAS

Un rubio gladiador, un cruzado valiente.
Ellos fueron, quizá, mis primeros contactos
con el mundo sin par de la Roma pagana
y las lucientes nieblas del medievo.

Y ahora que lo pienso, ellos fueron aún más.
Que el amor no resiste el vivir cotidiano,
que toda sociedad guarda dentro dragones,
que nobleza e infamia discurren paralelas,
que, tal vez, la amistad culmine los caminos
y otras tantas lecciones acaso inolvidables
surgieron lentamente de sus páginas grises.

Olac, el gladiador, y Trueno, el capitán,
los héroes callados, preciados salvadores
de una existencia pobre y desvalida.
Recuerdo aquellas tardes de verano
releyendo de nuevo las historias
de aventura y romance donde siempre triunfabais...

Hoy sé que sois muy simples,
que son elementales vuestros gestos,
que da poco de sí la amanerada pose
que a un niño solitario enloquecía.
Pero puede que queden intactas la frescura,
la generosidad, el puro aliento
de tantas aventuras inocentes
de un rubio gladiador, de un guerrero gallardo,
el rostro de deseos incumplidos.

DADOS, NAIPES, MONEDAS...

Dados, naipes, monedas,
insignias, mapas, fósiles,
todos esos objetos inservibles
que tanto nos importan y entusiasman
cuando reaparecen sigilosos
desde su encajonado cautiverio.

Ocultos en las cajas de zapatos,
dispersos por trasteros y cajones,
mezclados con inmundas apariencias,
siempre esperando su oportunidad
de amanecer al lado de facturas,
de cartas comerciales, de ingenios electrónicos
para, con voz templada, reclamarnos
la intimidad oculta del refugio
que les proporcionamos en la infancia,
y para devolvernos, generosos,
los tesoros perdidos vanamente.

Los álbumes de cromos,
los sellos apilados,
los juguetes magnéticos,
el cartón de las cajas de cerillas,
y el metal oxidado de las chapas.

La nostalgia serena
de saberse arropado y protegido
cuando en lejanos tiempos nos alumbraban soles.

UN PUÑADO DE FOTOS...

Un puñado de fotos resume nuestra vida.
Un puñado de fotos recompone el pasado.

Mientras miro en Olimpia el *Hermes* de Praxíteles,
una foto me atrapa la mirada.
Mientras contemplo trastornado la portada de Amiens,
una cámara recoge asombrados mis ojos.
Mientras admiro la noche artificial de Manhattan,
se guarda la impresión del encanto nocturno.

Otros recuadros más despiertan sus ecos.
El sol que se refleja en la cúpula de Santa Sofía,
el recinto acordonado de la Plaza Roja,
los alminares precisos de El Cairo,
el azul de los acantilados de San Vicente,
los restos de Pompeya y las ruinas de Mérida,
las plazas de Roma y de Florencia,
la foto de Lara y Pablo en el castillo de Coca,
una puesta de sol hacia la Acrópolis,
o un amanecer en el valle de Ordesa,
el claustro de Moissac o el claustro de Silos,
el hechizo perenne de las ruinas de Delfos.

Yo estuve allí y estuve en otros muchos lugares
de los que únicamente conservo una foto perdida.
Y los momentos vividos se reducen
a un parpadeo mecánico
que no fue verdadero en su segundo.

Porque nuestras fotos son apenas fotogramas
de la cinta fingida de la vida.

ME HAN PROPUESTO QUE ESCRIBA...

Me han propuesto que escriba de todos los exámenes
inútiles que hacemos en la vital carrera,
de las miles de pruebas a que nos sometimos,
de las miles de pruebas corregidas.
Y aunque ya no me encuentre para estas epopeyas,
quisiera transmitiros lecciones aprendidas
en más de treinta años
de escribir vaguedades y leerlas.

Para empezar, es un desasosiego,
una intensa inquietud de inciertos resultados,
exponerse al ridículo de jugar vanamente
por mucho que domines sus secretos.
Con muy poco sentido juzgarán tus palabras,
con poco fundamento serás calificado,
sonrisa socarrona dictará el veredicto.

Y siempre reiterar el mismo esquema.
Colegios, Institutos o la Universidad.
Volver a las andadas sin variación ninguna.
Algo más de papel año tras año
pero siempre la misma sensación de vacío,
como si nos hubiésemos perdido entre la niebla.

La cosa tiene gracia o parece tenerla
pasados unos años. Te has vuelto profesor
y sigues amarrado al duro banco.
Las letras, ilegibles; las mentes, ilegibles;
absurdos, los criterios de calificación:
una tarea indescriptible y necia.

Quizás la vida sea un examen perpetuo
y por eso parece un caos humillante.

QUID ULTRA FACIAM ?

Tus muros envejecen lentamente.
Los años no perdonan, venerable y nutricia.
Metales oxidados, toldos descoloridos,
los bloques de granito, desgastados.
El desmoronamiento de la edad
recubierto con capas de pintura.

Pero es como si, al tiempo, todo siguiera igual
y, detenido, todo se mostrase
como durmiendo en regalado sueño.
De vetustos tablones penden eternas notas
y el verdor de la yedra
no oculta todavía tus cristales,
el mismo ambiente denso de tus aulas,
los rótulos de siempre, las oscuras
conversaciones huecas y banales,
los gestos vanidosos de las gentes
que hicieron su carrera repitiendo
necedades baratas,
la sombra entristecida de los árboles,
que celebran añosos su destino.

Pero no nos salgamos de la verdad un punto.
Y saldemos las deudas enquistadas.
Eras joven entonces, tus inviernos
no anunciaban aún la decadencia.
Yo también era un joven predispuesto
a dejarme abrazar por fuegos fatuos.
Pronto te conocí los oropeles,
apática madrastra,
y el sabor de pavesas y cenizas
que encerraba tu luz embaucadora:
la deserción de todas tus promesas.

Pero hoy que se ha llenado de tiendas y de bancos
tu pabellón central, cercano a la estación,
que los raíles marcan horizontes,
que tus cafeterías se han abierto a las calles;
pero hoy que he vuelto a ti, después de veinte años,
qué más tengo que hacer
si no es agradecerte, con justicia,
que, al menos, una cosa me enseñaras:
descubrir a Catulo de Verona.

PANEM ET CIRCENSES

Es una nimiedad, lo sé y es evidente.
Dar patadas sin tino a una pelota
o meter muchas veces un balón en un cesto
son la imagen perfecta del absurdo.
… Y el rebaño de bobos que gritan alocados,
que insultan y padecen fieramente.

Pero si examinamos con más detenimiento
los vaivenes constantes del deporte,
el comienzo y final de largas temporadas,
los ecos que proyectan sobre un público
ebrio por olvidarse de sus penas,
las cosas no parecen tan sencillas.

La ilusión desbocada, la humillante derrota,
la inquietud que ensombrece los momentos,
la intensa vaciedad que sigue a cualquier triunfo,
atributos sin duda de estos juegos,
en la experiencia, al menos, de sus espectadores,
son, a veces, la imagen perfecta de la vida.

EL MÉTODO DE PROUST

El método de Proust.
Un alimento recupera un mundo.
El patio de un colegio sin alumnos.
El poroso calor de todos los veranos.
Escalar con los brazos por troncos de moreras.
Y el sabor de las moras, increíble.

Pero hay algo que falla claramente.
El asmático autor no nos engaña.
Podemos disfrutar de deliciosas moras,
con la infancia asociarlas aun si cabe,
impregnar su memoria con detalles vividos.
Pero hay poco que hacer.
Ficción es el recuerdo, y el pasado
reconstrüido, mala poesía,
un relato amañado y decadente
lo que creímos ser. Porque el Arte no endulza
el sinsabor tenaz de las moras agriadas.

PASSER

Escribir es buscar metáforas y símbolos,
encajar en palabras convicciones profundas,
atinar con vocablos que sugieran el mundo.

Solemos asociar la rosa con el tiempo;
el camino es la senda hiriente de la vida;
el mar, todos los sueños y todos los destinos.

Para el desvalimiento me basta tu presencia,
pajarito caído inoportunamente,
tembloroso y hambriento, agonizante alado
que en vano esperarás una nueva jornada.
Tus últimos momentos son los momentos últimos
de tantas avecillas de mi infancia lejana:
sentir que no podemos luchar contra la fuerza
del sino inevitable y humillante.

ETOPEYA

A un paso de la euforia, como a un paso
del callado y acerbo abatimiento.
Y los dos poseyendo el pensamiento
como a la luz las sombras del ocaso.

Vivir en los extremos porque acaso
a la razón la oprime el sentimiento:
volar hasta el final del firmamento,
quebrarse la ilusión tal como un vaso.

Dos notas contrapuestas repetimos:
el placer o la nube del quebranto,
dos equivocaciones, dos despistes.
Gozamos simplemente o bien sufrimos.
Quizás solo podamos, entretanto,
vernos morir entre memorias tristes.

EL AJEDREZ HELÉNICO…

El ajedrez helénico,
del komboloi las cuentas,
el busto del auriga,
la micénica máscara.
Bienamadas imágenes de Grecia.

Fotos desde la Acrópolis,
fotos en Licabeto,
del invernal Pireo,
del Ágora imprecisa.
Bienamadas imágenes de Atenas.

Busco mi juventud en tu recuerdo,
amadísima Hélade.
Pero el arte borgiano
de la enumeración
no puede convocar
sino el silencio gris de la elegía.

LAS ARRUGAS DEL TIEMPO

Las arrugas del Tiempo nos acechan.
Miramos un espejo y apenas conocemos
ese rostro que incrédulo nos mira,
apenas desciframos sus cambios detenidos,
apenas su pasar parsimonioso.

Pero esto es casi nada, ciertamente.
Pues más que el de un cristal duele el reflejo
de aquellos que cruzaran sus ojos infantiles
cientos, miles de veces con los nuestros,
de aquellos semejantes a quienes de repente
les altera un segundo la figura,
creada en nuestra mente por ecos engañosos.

De ahí la desazón de esta experiencia:
hacía poco más de cuatro lustros
que llevaba sin veros, fantasmas del pasado,
pero al reconoceros no me he reconocido.
Quizás porque el embuste del espejo
es una duna lenta y persistente
mientras vuestra presencia nos señala
con su fugaz relámpago terrible
que fue un sueño el ayer y que mañana
no hará crecer la tierra su flor para nosotros.

DIÁLOGO DE LAS COSAS OCURRIDAS

I

Otra vez te levantas, desayunas,
escuchas en la radio las noticias,
arreglas con urgencia la muy revuelta cama,
te duchas y te vistes con gran prisa
para llegar temprano a tu tarea.
Y, tras una jornada laboral anodina,
te vuelves al callado desvivirse,
te vuelves a la atroz monotonía:
siempre las mismas quejas y los mismos suspiros.

Veinte años así ¿No te da risa?
¿Cuándo te trastornaste, compañero?
Has olvidado el oro de la vida,
el viento entre los árboles, el olor de la rosa
y las metas que otrora perseguías.

Yo apenas si conozco ya tus gestos,
viejo amigo que entonces versos hacer solías.
No reconozco en nada
la esperanza futura, la caricia
que un día acompañó todos tus pasos.
Quisiera devolverte la inútil poesía,
entregarte la voz y la ternura
con que viviste antaño... aunque fueran fingidas.

II

Qué más quisiera yo que caminar derecho
jornada de mi patria verdadera,
quebrar la voluntad de la fortuna
y el capricho asesino de sus ruedas,
anular la penumbra codiciosa
que el áspid cotidiano nos reserva.

Es fácil atisbar la brisa del fracaso
mirando desde lejos con miradas ajenas,
juzgar sin un lamento y fríamente
el transcurso ceñido a una condena.

Pero el paso del tiempo tiene cosas así:
derrotas, desafíos, desvanecidas metas,
un regusto constante de amargura
cosido al cuerpo con puntada experta.

Si existiera una puerta, una salida,
luchara por hallarla y conocerla.
Pero llorar por un pasado muerto,
poner en entredicho la carrera
que emprendimos, tal vez, equivocadamente
es taparnos los ojos y negar la evidencia:
si hubiéramos seguido otro sendero
la misma frustración nos abatiera.

Cómo decirte, amigo desdoblado,
que no tienes razón, para que me entendieras.

A VECES SIN QUERERLO…

A veces, sin quererlo, se nos cuela
un tonto sonsonete en el cerebro
y han de pasar jornadas insufribles
para librarnos de su voz maldita.

Otras veces sucede lo contrario.
No poder recordar aquellos versos,
ni compases amados, ni siquiera
el nombre de los seres que admiramos.

Será esta la ventaja del transcurso
inapelable de nuestro momento,
la inquietante ventaja y la sospecha
de que se perderán, tarde o temprano,
las vivencias sonoras, el aliento
del ayer enturbiado de la vida,
y quedarán, pesados como burlas,
los caprichosos restos detestados.

Pero después de todo, qué quejarse.
Si no podemos detener el tiempo,
ni apaciguar el caos del pasado,
cómo podremos controlar indemnes
su veleta oxidada, la memoria.

COMO A TODOS LOS HOMBRES…

Como a todos los hombres, me persiguen
dolientes experiencias del pasado,
indelebles acaso como el primer amor,
que una terrible pena sin consuelo
extienden por mi ser con punzante saeta.

Hace ya demasiado, en un tren hacia Bonn,
fui testigo callado de la infame injusticia.
Dos ciclistas germanos discutían a voces
en su idioma extranjero para mí incomprensible,
aunque entenderlo entonces resultara muy fácil.
Uno de ellos rugía como un león hambriento
y los ojos del otro imploraban piedad
por una falta suya imperdonable.
Al final del trayecto los dos se separaron,
con soberbia el primero y el segundo con lágrimas.
Desconozco, claro es, la culpa del herido.
Mas su figura sola y derrotada
reaparece siempre que contemplo
la implacable desdicha de las víctimas.

DE DOLORE

I

Yo sé que es el dolor la única nobleza
de la que no podemos desprendernos.
Se desvanece, es cierto, todo aquello que importa.
La amistad y el amor amarillean,
palidece el fulgor de la alegría,
todo se torna vano e incoloro,
nada persiste igual.
Y acaban siendo ajenos
los deseos, ideas, convicciones
que creímos tal vez que nos definirían.
Escarcha derretida, la identidad humana.

Pero algo permanece y nos identifica:
nos persiguen erinias, nos torturan
aduladas euménides furiosas,
y al combatirlas, aunque nos derroten,
sin apenas notarlo, quizás no elevemos.

Por eso es el dolor la única nobleza
a la que nos podemos entregar plenamente.

II

Aunque no sé, quizás… sea solo un invento,
burdo lugar común de los ascetas,
vertido en mil tratados venenosos
y asumido sin más por poetas malditos.

Lejos de ennoblecer, nos envilece
la imprescindible paz de la conciencia
y la luna anular de los dulces proyectos.

Termita contumaz e irreductible,
medusa cotidiana de las horas,
que impide brutalmente con su fuego
enlazar nuestro ser con las estrellas.

1917-1991
IN MEMORIAM

I

Yo estaba en Alemania
cuando se vino abajo el país de los soviets,
no recuerdo si estaba
viajando en unos trenes
que me llevaban lejos de Colonia
para quedar atado a la magia de Rembrandt.
Mas, mientras contemplaba
La muerte de Marat,
la muerte ya acechaba al país de los soviets.
El calor de Sevilla vino luego
a enturbiar más aún la caída soviética.

Trece años después, frente al *Aurora*,
comprendí amargamente
cómo se desvanece una ilusión.
Si el fin de la opresión ansiamos desde niños,
con revueltas y esfuerzos redentores,
su falso espejo rojo
nunca del todo oculta
el azogue apagado
de la mano rendida de un exaltado apátrida,
del furor policial de una ronda de noche.

II

Porque toda mi vida he sido comunista.
Solo que ya no ejerzo.
Es duro ver cumplidos los sueños más preciados
y ver cómo detrás solo queda el vacío,
solo restos exánimes de vencidas quimeras:

eran humo, eran polvo, eran sombra, eran nada.

Pero es más duro aún el comprobar
que no hay nada que pueda remplazarlos,
que todas las ideas son a su lado pálidas
hechiceras ingenuas que no engañan a nadie.

Por eso sigo siendo comunista,
un comunista acaso que ya no puede serlo.

III

Pero, a solas, también debo reconocerlo.
Los almendros florecen cada año
y la nobleza humana se renueva.
Las vilezas de antaño podemos superarlas
si aceptamos humildes lecciones de la historia.
No fue una distorsión de una brillante idea;
quizás se concibió viciada y falazmente.

¿Por qué sigo atraído por su encanto?
¿Por qué no desechar la piel de su impostura,
espuria tal las copias lamentables del *Pushkin,*
grotesca como momia expuesta y adorada?
Proceder como suelen las flores del almendro
y esperar que otros hombres diferentes
enciendan otra luz que alumbre su futuro,
que huellas en la nieve no ensombrezcan la vida.

"UN EURO", REPETÍAS...

"Un euro", repetías infatigablemente,
muchachito nacido de la esclusa,
mientras a los turistas ofrecías
una crema que limpie sus zapatos.

Los bastos artilugios de tu oficio,
la pobreza incolora de tu atuendo
la falta de cuidados y de higiene
no pudieran tapar tu inteligencia,
la burla de tu risa socarrona,
pero sí denunciar la sociedad infame
que persiste implacable desde siempre.

Cómo no conmoverme tu presencia,
partícipe también de otro ritual obsceno.
Y cómo no llorar por todas las personas
que malogran la flor, como tú, de su días,
trocando dignidad por miserables euros.

Es por eso, quizás, joya del Nilo,
que mientras esperamos el paso de los barcos
junto a un templo menor de otro Egipto posible,
solo puedo pensar en tus ojos nocturnos,
emblema acusador de la injusticia,
transparente y eterno jeroglífico
del mundo incomprensible que habitamos.

NO ES POR JUSTIFICARME...

No es por justificarme, pero, a veces,
me entran ataques de misantropía.
Los músculos se tensan, palidece el semblante
y provocan hastío
los gestos y los dichos y los hechos,
como si todo el mundo solo fuera
una enredada imagen venenosa
que el cuerpo endureciese y que petrificara
la bondad y el amor y la ternura
hacia los seres todos.

Es seguro que existen las gorgonas.
Pero es peor reconocer, a veces,
estar a un paso apenas de rendirse
en la búsqueda siempre desdichada
del escudo pulido de Perseo.

NON PLACET HISPANIA

Tierra cuniculosa.

Qué sencillo sería arrojarte improperios,
colmarte de denuestos y de insultos,
aborrecer tu historia descarriada,
no más envilecida, en cualquier caso,
que la de otros países cualesquiera:
todos los patriotismos nacen de la penumbra.

Pero cómo a la vez no amarte sin sosiego,
cómo disimular sonrisas de empatía,
cómo negarse a todos los halagos
que concentra la lengua de tus gentes.

La maraña de siglos herrumbrosos
quizás se equilibrase con tus méritos.
El odio y el amor te pertenecen,
tierra gris de Cortés y de Velázquez
que el genio de Cervantes reflejara...

LE MUY, 1536

¿Serán, por fin, las horas de mi infancia
las que me lleven lejos del rüido
infernal del poder, ya sin sentido,
que recubre esta tierra de arrogancia?

Solo me queda firme la distancia
del amor que perdí: no merecido
quizás fue ese destino enloquecido
que aniquiló por siempre su fragancia.

El poder y el amor: mi poesía
trató de desvelar el yo profundo
que guardamos oculto con denuedo.

Tal vez no veré más la luz del día,
los paisajes platónicos del mundo,
mas no puedo morir sino sin miedo.

EGO SUM VIA ET VERITAS ET VITA

Mi imagen de ultratumba se repite insistente :
si no estamos atentos
a guardar esos dientes que perdemos de niños,
deberemos buscarlos sin descanso
por la niebla del tiempo con un viejo candil.

Mi abuela me contaba historias parecidas,
mientras leía siempre el mismo libro,
un ajado y servil devocionario
que apuntalaba vana y torpemente
su mundo de creencias primitivas,
su universo pagano con pátina cristiana.
Para ella las estrellas
tenían el tamaño de las ruedas de carro
y su dios era solo estampita chillona,
con la fuerza, eso sí, de castigar herejes.

Al crecer fui buscando
unas leyendas menos infantiles
y una divinidad más verdadera.
Y, a veces, quise hallar unas y otra…
para acabar bien pronto en decepciones:
el cuento sin remedio se repite
y es el clemente, el misericordioso
una burda humorada del silencio.

Pero hoy ya no me engañan sus preceptos
ni sus vacíos ritos de retóricas huecas.
Ya soy, por fin, mayor y esos juegos pasaran.
Tiene tanto sentido atender sus mandatos
como buscar colmillos e incisivos
mientras cantan melosos los coros celestiales
sin cesar ese himno de su gloria,
falsa como su historia imaginada.

ISÓCRATES Y GORGIAS TE ALABARAN...

Isócrates y Gorgias te alabaran,
tu inocencia y belleza encareciendo,
hija amada de Zeus, arquetipo soñado
por troyanos y argivos igualmente.

Mas yo no voy a hablar de tus virtudes
ni a refutar a necios detractores.
Pues solo subrayar tu imagen indeleble
a través de los tiempos y los siglos
es bastante, quizás.

Decirte unas palabras sí querría:
la desdicha infinita de no haberte encontrado
nada más que en los cuadros y en los libros,
como si solo fueras una quimera más,
me adelgaza la voz. No puede el verso
crear la luz ni combatir la pena.

KÁTHARSIS

No sé si entiendo bien al sabio de Estagira.
Expurgar las pasiones con sus propios delirios.
Curar con la ficción y la palabra.
Y pulir en la escena temores y piedades.

Quizás se limitara a sugerir
que el veneno letal de la existencia
apenas se ilumina unos momentos:
cuando olvidamos inocentemente
las marcas indelebles de los sueños perdidos
proyectando hacia el hueco de una máscara
las fábulas pobladas de voces hechiceras.

No comprendo al maestro de los Peripatéticos.
Aunque, a veces, comparto los brumosos
mensajes de su prosa descuidada.
Yo he visto mi dolor embellecido
en un lienzo barroco de la ciudad de Delf;
mi tristeza, ensanchada con la muerte
de una mujer de una novela rusa;
y he visto abrirse apenas un segundo
la purgación de que habla la *Poética*.

HAY COSAS INEFABLES...

Hay cosas inefables, en efecto.
No me refiero, claro, a las banalidades
que fingen con pomposos arrebatos
los arrobados místicos.
Y ni siquiera aludo a la muda emoción,
verdadera y sublime hasta en exceso,
con que nos hiere el resplandor amado
de los amaneceres, de los cuadros barrocos,
del chispazo quemante de la música.

Hablo, querido Fabio, de asuntos más tangibles
que te concederá el rumor de los días:
cuando un malentendido te acogote,
cuando te desoriente
la madeja cortada de los años,
cuando ignores la causa del sufrimiento vil
o cuando alguien te mire con los ojos
de un orante sumerio.

LOS CABALLOS DE AQUILES...

Los caballos de Aquiles lloraban a Patroclo.
Libres de la vejez, los inmortales
caballos convertían su tristeza
en lágrimas humanas.

Mortal y sometido
al estrago injurioso de los años,
apenas si me bastan las lágrimas piadosas
para llorar tu muerte,
porque sé que la mía cerrará tu recuerdo
y nada quedará de las palabras
que no pude decirte
antes de que tu luz se oscureciera.

LA AÑORANZA IMPLACABLE DE OTRA VIDA...

La añoranza implacable de otra vida.
Un erudito gris y ensimismado
que repasa los lomos de millares de libros
para recuperar los años luminosos
mientras una vez más medita y reconoce
que solo es el afán de conocer
lo que nos justifica;
un escritor que lucha tenazmente
por crear la ilusión de un sentimiento
cuando a su alrededor se desvanece el mundo;
un viajero elegante y cultivado
que transforma las sendas en carreras
y proyecta caminos sin fatiga;
un hombre enamorado al que las sombras
no puedan perturbar y un buen amigo
al que prisas y espejos no presionen.
Todo lo que no somos,
todo lo que no fuimos ni seremos
si no es en el lugar de la utopía.

GNOTHI SEAUTON

I

Va a resultar verdad,
que tenían razón algunos del cincuenta,
que aquellas discusiones -¿Era la poesía
febril actividad que nos permite
descifrar los misterios, desentrañar oráculos
antes que transmitir necias consignas?-
eran sesudas voces persuasivas,
eran la cara oculta de la luna.

De mí puedo decir que ya no escribo
para nada que sea comunicar mensajes,
ni en intención escribo para el mundo.
Y, sin embargo, ahora que vuelvo a trazar versos
recónditos sentidos cada poema apunta,
recupera experiencias olvidadas,
configura mi yo con otro yo fingido.

II

Mas no sé si me explico.
Porque los que dijeron que el arte del poema
consiste en aclarar
las verdades que queden detrás de las mentiras
jugaban con ventaja.

Desmontar el sofisma es bien sencillo.
Porque escribir consiste en dibujar la nieve.
No es sendero apacible su trastienda
pues permanece apenas de su invento

lo que quisimos ser y no logramos,
la mentira de todas las verdades.

Porque escribir, quizás, consista en despedirse,
alargar una mano en el vacío
y saber de manera incontestable
que un engaño no puede suplantar a la rosa,
que ninguna ficción nos recupera
la emoción repentina,
a no ser que el intento nos devuelva
la esquiva imagen de su noble espejo.

Segunda parte

... IS A JOY FOR EVER

La belleza se esconde en los detalles
más cotidianos, más inesperados:
en este sol de tarde en un tórrido julio.

Sales de la piscina y te despojas
del bañador, que tiendes despreocupadamente.
Y la tela gotea
con leve parsimonia y rítmica elegancia.

Mientras secas tu cuerpo, desaparece el mundo
y sucede el milagro:
cada gota caída se convierte en diamante
al reflejar la luz.
Si es su existencia breve,
 rosa frágil de estío,
 rescoldo de un relámpago,
es duradera la impresión causada.
Y la dicha te es dada ese momento
que permanece fiel en tu memoria.

CARPE DIEM (I)

Para algunos la vida, Buzzati nos lo narra,
será pasar de lejos de los escaparates
y darse luego cuenta de que sus mercancías
bien pudieran tal vez interesar,
aunque al volver atrás rápidamente
se encuentren por desgracia
las luces apagadas y cerrada la tienda.

Para algunos la vida, no recuerdo si Vania lo decía,
proyecta la amargura del fracaso
por no haberse atrevido a saciar los deseos
y hacer de los pecados que no se han cometido
una carga pesada que atormenta.

Para algunos la vida es la figura bufa
del viejo profesor arrepentido
que llena la pantalla de un filme de terror.

Así que tú verás, querido Fabio,
si no será mejor, antes que el tiempo vuele,
gozar la rosa y atrapar el día.

CARPE DIEM (II)

Fabio, qué gran error
trocar continuamente la vida por los libros,
a los atardeceres preferir
un cuadro impresionista
y respirar amor solo con versos.

Es breve la existencia,
fugaz como una nube en un cielo de otoño.
No malgastes el zumo de las horas
y emborracha tus pasos en la tierra
con el añejo vino de la dicha.
Que no emponzoñe tu alma la virtud
inventada por otros,
y que cada momento sea un derroche
que reverbere siempre en tu recuerdo.

No antepongas jamás el sueño y la ficción
al sabor de unos labios
y siente cada instante
como un día feliz de primavera.

LECCIÓN DE RETÓRICA (I)

CORRELATO

La emoción no se enuncia.
Se transmite mostrando
un conjunto de objetos que la evoquen
con una sucesión de hechos trascendentes.
Correlato objetivo, según Eliot.

Pongamos un ejemplo, discípulos queridos.
¿Conocéis el recinto acristalado,
convertido en fanal en las tardes de invierno,
del parque de El Retiro?
Fue la Casa de Fieras y hoy encierra
la ilusión del papel y de la tinta.

Atravesad su puerta y entrad tranquilamente.
Sentaos en la zona que enmarca el ventanal
transformando los árboles de fuera
en una tela fiel de un cuadro de Pizarro.
No digáis qué se siente pues no es necesario.
Mas cada vez que habléis de vuestra estancia
en la impar biblioteca madrileña
volverá la impresión y el sentimiento
que no nombraré aquí por evidente.

LECCIÓN DE RETÓRICA (II)

METÁFORA

La ciencia es instrumento para el arte.
La física del Cosmos, verbigracia.

Camina a paso firme, oscuramente.
Se expande sin cesar, rompiendo el humo
de la ilusión de gravedad perpetua.
Se va desintegrando en su trayecto.

Sellado, su destino es implacable:
más frío el Universo cada vez,
apagado, disuelto, destrüido.

Parece la metáfora de un siniestro escritor.

LECCIÓN DE RETÓRICA (III)

SINESTESIA

Sabe a lluvia tu nombre, y a refugio,
sabe a la sal del mar, sabe a ternura.
Sabe tu piel a viento, sabe a aurora,
sabe al color que adoptan los sonidos.

Huele tu pelo a sombra de verano,
a reflejo de sol, huele a silencio.
Tu boca huele a viaje sin retorno,
huele a fuego y a estrellas alejadas.

Tus ojos suenan notas de armonía,
suenan como los cuadros no acabados.
Tu cuerpo suena a flor de otro hemisferio,
a deseo y amor, suena a locura.

Me acercas al misterio de la vida,
al agua y a la luz que me mantienen.

ODISEA, XXV

Ella le había esperado veinte años.
Él, en sus viajes, solo vio una tierra,
su amada isla, lejos de la guerra.
Ella tejía amargos desengaños.

Él descubrió la vida en sus engaños;
ella, en la espera, el gozo del que yerra
y corrige los hilos. Él se encierra
en sus recuerdos, mal que bien, extraños.

Y su llegada. Ropa de mendigo
y otro combate más y otra victoria
y todas esas cosas que ocurrían
para llegar al fondo de la gloria
y ser los dos su anuncio y su testigo:
Penélope y Ulises se aburrían.

BILBILIS AUGUSTA

Estos, Marco, ay dolor, que veo ahora,
campos de soledad y de desidia,
cerros mustios plagados de hormigueros,
en otro tiempo fueran
famosa, por ti, Bílbilis.

Aquí pasaron tus primeros años,
aquí también tus últimos, de vejez y nostalgias.
Debiste aquí morir, añorando la Urbe.

Mira hoy tu ciudad: solo reina la ausencia.
Y el lugar, excavado con desgana
en varias temporadas de torpes resultados,
no solo representa
la ruina de los siglos
y el acerbo fracaso de los hombres:
con su chapa oxidada de decenios
(el cartel que señala el sitio arqueológico),
sus andamios inciertos de maderas resecas,
sus podridas e inútiles
herramientas tiradas y sus vallas
almacenadas sin ningún sentido,
como si un cruel Jalón obrando de Vesubio
en hispana Pompeya
hubiera hecho perenne las cosas pasajeras,
tu Bílbilis tornose una metáfora
de toda vanidad e indiferencia
con que afrontan los hombres sus labores.

Tú quizás lo sabías como nadie
y tu retorno a Bílbilis Augusta
confirmó tu temor de no poder hüir
de la desconfianza hacia tu especie.

CONTICINIO

Ya son las cinco, amor. Todo en reposo.
Ni un ruido todavía,
ni el trino que convoca
la llegada del alba.

Abre ahora los ojos y despierta.
El sensual silencio de la noche
nos protege y oculta,
nos cubre con su ropa de deseo.

Amémonos ahora tiernamente.
No existe el mundo aún, ni las palabras,
y el roce de la piel crea la vida.
Inventemos la luz y los sonidos,
nuestra clemente aurora.
Ideemos la dicha y la ventura,
el temblor de los cuerpos, su gemido de amor.

Antes que llegue el alba, no existe nada más
que una herida sin fin donde filtrarnos
y una escondida senda de dulzura.

JUEVES SANTO EN VEZELAY

La luz del sol de tarde en su fachada
penetraba hasta el nártex como un roce,
iluminando parte de su tímpano,
una cumbre románica, decían.

Tú avanzabas callado por sus naves,
respirando un aroma de armonía
que irradiaba en tu ser de la misma manera
que la roja ilusión de los crepúsculos.

La iglesia en soledad, que solo despertaba
con la sordina gris de música a capela
de la celebración de los oficios
procedente de un claustro postizo y adosado.

Sentías la nostalgia de la fe repudiada
y el hueco del ayer
apenas enmarcado por los arcos fajones,
la apetencia cristiana supurada
entre la pulcritud de la piedra serena
y las cruces de Paz, antaño redentoras
de una contienda infame.

Estabas deslumbrado y te sentaste
y fuiste recobrando,
como tras un destello sucede con la vista,
la lucidez del hombre descreído
que se cree traspasado fugazmente
por la imaginación de libros venenosos:
en la antigua colina de los celtas,
donde guardan reliquias e imposturas,
apenas disimulan las cruces de Concordia
la llamada a la Cruz de San Bernardo

predicando la sangre en sus inmediaciones;
ni enmascara el acorde de la piedra tallada
la falacia evangélica;
ni hay apenas verdad en sus muros falsarios
pues todo el edificio es simple compostura
que arruinara las ruinas medievales.

De nuevo recorriste sus naves engañosas
y viste el relicario de Santa Magdalena
y escuchaste la voz de una devota
que cantaba a Jesús con cansancio infinito,
y saliste del templo y bajaste la cuesta
y sentiste que hay vida afortunadamente
más allá de leyendas desnortadas,
que siglos de locura y desvarío
no pueden acabar
con el aire de abril en primavera
y la perfecta luz de la alegría.

LOCUS AMOENUS

Ya era nuestro el 205 blanco
y con él recorrimos media España,
y media Portugal y Andalucía entera.
Barrimos sus montañas y sus costas,
sus campiñas, sus recios olivares,
sus bosques de pinsapos, sus desiertos
y todo lo que el hombre construyera
en esa tierra de raíz mestiza,
sus miserables pueblos, sus hermosas ciudades.

¿Por qué, entonces, persiste,
por encima de todos los recuerdos,
la presencia del pueblo encaramado,
su ruinoso castillo tomado por los hippies
postizos de la década en la que fuimos jóvenes?

¿Te acuerdas? Una tarde de verano.
Todo el día llevábamos de un lado para otro
y vimos el cartel que indicaba su nombre,
el último destino previsto en la jornada.
Y subimos, cansados, lentamente.
y ni un triste turista. Solo la horda aquella
que nos hizo frenar al mirarnos con odio:
cinco minutos de tensión desnuda
hasta que se acercaron otros coches
que espantaron los gestos
de aquellos herederos de Afganistán, de Ibiza
y de una California imaginaria,
de las comunas libres de otro tiempo.

Han transcurrido ahora muchos años.
Otra visita a ese lugar ameno.
Las piedras del castillo han limpiado su mugre,

se fueron las melenas y los porros
y han abierto oficinas de turismo,
regentadas por hombres afeitados
y mujeres pintadas,
los mismos que antes fueran
un burdo simulacro
del sueño de escapar de monstruos personales,
una parodia burda antes de ser parodia
del funcionario gris que vegeta en los pueblos.

NESI CHONSU

Hice un viaje a Cracovia, y vi los montes Tatras,
y unas minas de sal,
y el horror de unas casas de ladrillo,
y una plaza vendida a las calesas,
y un azul hechizante en luminosas bóvedas…

Diversas emociones…
Hasta alcanzar inesperadamente
su acorde conclusivo al final de la ruta
en un viejo museo de olor decimonónico
y en la pequeña sala de moribunda luz,
con sarcófagos, momias, figurillas,
repetidas reliquias de Egipto, embalsamadas.

Porque estabas allí.
Estabas aguardándome, Nesjonsu,
tres mil años después de tu fallecimiento,
hija, esposa de sumos sacerdotes,
bailarina de Amón,
jefa de concubinas, profetisa:
tus cargos escondidos entre deshilachadas
vendas de momia y ataúd pintado,
o en la radiografía que desnuda tus huesos,
Nesi Chosum, tu cráneo trepanado,
el polvo de tu vida
que nunca volverá, ni con aceites
de vasos rituales, de los vasos azules
de tu tumba, vendidos en subastas
para ocultarlos entre mil objetos
de instituciones célebres del mundo.

Mas yo no te vi así.
Te vi entornar los ojos, dar suspiros.

Vi el cimbrar de tu talle de princesa.
Te oí entonar, llorando,
las plegarias de infiel sacerdotisa
de una deidad, como otras, inventada.
Sentí tu piel cobriza de una diosa del Nilo,
el azabache puro de tu pelo,
tus cejas retocadas, tus pestañas,
tu milenario aroma no apagado.
Te contemplé otra vez, radiante y hermosísima,
agitando los sistros y los crótalos,
el címbalo, el menat,
bailando no en Karnak, no para Amón
sino para otros hombres que apreciaran,
muchos siglos después,
la belleza y la música,
que vencen el dolor de la existencia.

SOMNUS ET SOMNIUM

Después de un sueño grato, la realidad ofende.
Restregarse los ojos,
encogerse de nuevo, dar la vuelta,
inútilmente ya,
hacia un edén fugaz desvanecido,
sentir el desvarío, el desamparo
de la sorda rutina cotidiana
y esa niebla de pérdida invasora.

Pero es peor, sin duda, la experiencia
de alcanzar lo soñado en esta vida
y perder luego el tren del tiempo amable.

Yo no sé si el poeta sentenciaba acertado
que es infeliz el hombre que se nutre de sueños
o si quiso decir
que los sueños cumplidos que se rompen
abren la puerta amarga de la pena,
cerradura sin llave
y naipe sin baraja,
costra que al arrancarse revive las heridas.

MARINA

En la desposesión está la dicha,
la dicha de vivir sin posesiones,
la desnudez de bienes y deseos.
Las recetas estoicas de toda vida plena
que los estoicos mismos no aplicaron.

Es fácil comprenderlo,
notorio el rechazarlo.
Pues cada ser humano con fiereza retiene
objetos muy queridos,
objetos que se adueñan de nosotros,
como la bolsa amada de Ana Karenina.
Un libro, un cuadro, un mapa, bagatelas
que la existencia a veces nos resumen.

Pero aún es más difícil desprenderse
de las cosas que nunca conseguimos
y estuvimos a un palmo de alcanzar.

Siempre me acordaré de la marina
expuesta en un recinto de El Retiro
y del precio ridículo impreso en el catálogo
y que yo no adquirí: su imagen me persigue
con el rencor furioso de una erinia.

BILLETES DE TREN DE CERCANÍAS

Señales de lectura solamente,
los billetes de tren en un libro olvidados
anudan la nostalgia y la melancolía.

El libro en que leí por vez primera
los versos de Catulo de Verona
esconde un cartoncito de color amarillo
con una fecha impresa:
en el 83, a finales de marzo,
estaba yo leyendo el dístico inmortal
y el poema señero de los besos,
y el poeta latino vuelve a mí en el billete,
mezclado con la pena de un amor fracasado
y el dolor y ternura de todos sus finales.

Otro tique de tren me lleva a Jaime Gil
en el otoño del 87
y huele a soledad *Las personas del verbo*,
envuelta en el vacío de una ausencia.

Otro resguardo enlaza extrañamente,
en el invierno del 96,
la furia calculada de *Las flores del mal*
y la tristeza oculta
de aquel amor callado que nunca confesé.

Otro billete más, entre el rojo y el blanco,
se enreda en la alegría de Cervantes
y en mi fascinación al ver sus ojos
en los días finales de diciembre
del año 2011.
Los billetes de tren, la educación
sentimental del calendario propio,
pedacitos y espejos de la vida.

PLAGIUM

I

FADO

En la radio se oyen los fados de Ana Moura
con su encanto transido de saudade,
que me arrastra hacia el plagio y la *lembranza*:

Yo tampoco un segundo dudaría
en preferir tus ojos a los cuadros de Vermeer,
ni tu voz peculiar
a los versos dolidos de Cernuda,
ni la geografía de tu piel
al amado relieve de Olisipo,
ni el roce de tus labios
a todos los tesoros del planeta,
ni tu sonrisa y su color de plata
a los brillos del mundo.

Escojo lo que es tuyo como elige
la Tierra el Sol para crear la vida.

II
LAS ROSAS DE RONSARD

Como Ronsard yo escribo siempre el mismo soneto,
los versos que repiten ineludiblemente
que no hay mujer ni flor ni belleza en mi mente
que no se anulen todas ante un solo boceto,

ante un solo retrato, presente como un reto,
de tu cuerpo desnudo, de tu cuerpo oferente,

tendido entre almohadas, callado e indolente,
abierto como rosa en las tardes de asueto.

La mística de oriente jamás he perseguido,
ni el éxtasi divino ni el excitante arrobo
ni la unión con los dioses de ninguna creencia.
Pero miro tu imagen y siento trascendido
mi cuerpo iluminado, que añora tu presencia
en la enajenación del beso que le robo.

III

NORBERTO GARCES, HETERÓNIMO DE PESSOA

Hoy me siento vencido,
como si de repente
hubiera descubierto la verdad,
la estigia helada de mi vida entera
y el rígido viajero de su barca.

Un aula despintada, una calle con lluvia
y no encontrar consuelo es mi destino.
Tengo cincuenta años
y doy clases de lengua desde hace casi treinta
entre bostezo y bronca;
pero a veces intuyo en mis alumnos
de la existencia rota el misterio cabal:
los sueños derrotados,
el recuento callado de cientos de ilusiones,
el cubo derramado del deseo
y el ritual fracaso y su olor venenoso.
Malgasté mis veranos, neciamente,
sin gozar de su rosas,
y me ahogan ahora los pecados
que la ocasión o fuerza de cometer no tuve

y apenas si dispongo de la ilusión de entonces
de apetecer llegar directo al arco iris.
Y solo cuando escribo para el lector que soy,
cuando escucho a los muertos con mis ojos,
cuando observo la luz filtrarse por las nubes
y cuando viajo y busco arrancarme las máscaras
hallo algo parecido a paz y redención.

IV
CAMOENS FRENTE AL MAR

Que todo cambia y nada cambia igual
que en otro tiempo gris de igual mudanza
lo sabe el griego, el luso, el provenzal,
que pierden en el cambio la confianza.

Mudan los tiempos, cambian las edades
y todo dura igual que un parpadeo.
El mundo todo es canje y novedades
y un inestable objeto de deseo.

El tiempo igual que ayer hiere y se mofa
y troca el dulce canto en negro lloro.
Todo es verso rimado en falsa estrofa
y baratijas es todo tesoro.

V
OSCURECE EN RECANATI

No me hubiera atrevido a utilizar el ave literaria,
como ese bardo inglés
que murió hace unos años en la ciudad del Lacio,
para hablar de la vida, del dolor, del destino.

Y por eso escogí un pájaro vulgar,
sin mencionar su nombre,
para gritar mi soledad callada:

Pude a veces fingir ser lo más dulce
naufragar en lo eterno la malgastada vida
y fingir la añoranza del amargo recuerdo.
Pero ya no es posible sostener el engaño
en la infinita vanidad de todo.

VI
BORRADOR ELIMINADO DE *LAS FLORES DEL MAL*

Cualquier viajero intuye o sabe con certeza,
después de un largo y solitario viaje,
que el mundo es sin remedio
un oasis de horror en desiertos de hastío.

Por eso necesita cegarse con los faros
que disimulen su melancolía:
volver a su ciudad
como los cazadores en la nieve,
hundirse en unos ojos de una joven con perla,
perderse en los encantos
del busto de una joven veneciana,
mirar absorto las duplicaciones
de espejos nebulosos

de un bar canalla y sucio de París,
o dejarse arrastrar definitivamente
como un viejo y glorioso navío remolcado
y ansiar ser personaje
de bellos cuadros de mitología.

VII
ODI ET AMO

Desgraciado Norberto,
deja de hacer el tonto y ser ridículo
y lo que se ha perdido entiéndelo perdido.

Brillaron para ti, en otro tiempo,
apasionados soles,
ciertamente brillaban,
cuando eran rutinarias las añoradas citas
con aquella mujer,
amada como nunca pudiera serlo otra.

Y pues los juegos ya rechaza ella
tú debieras también
negarte a perseguir a quien te huye
y escapar de una vida desdichada
con rotunda y callada obstinación.
No has de rogarle más a tu asesina
ni sentir compasión por quien tus besos
desprecia, sin saber
que nunca nadie morderá sus labios
con la ternura con que tú lo hiciste.

VIII
26 a. C. CORNELIO GALO ESCRIBE SU ÚLTIMA ELEGÍA

Tu ausencia me separa de la dicha,
Licoris deseada.
Me falta la frescura de tu aire
y la luz de tu sombra.
Apenas si soporto las jornadas
de vil extrañamiento.
Cada día sin ti es como un río
que nos divide el mundo.
Aunque quiera imponerme a este silencio
me falta voluntad.
En la muerte perdono tu inconstancia:
Todo lo vence amor.
Aunque perdiera para siempre el tacto
y el esplendor del roce,
se me enciende de nuevo con urgencia
tu añorado recuerdo.

IX
MARCIAL SE DESPIDE DE UNA NIÑA

Seis añitos apenas cumplirías,
y ya sombras cercaban tu mirada,
delicada Eroción, amada niña.

Que la tierra te sea mucho menos que leve,
que las grises tinieblas no te asusten,
que encuentre yo la forma
de arrostrar la tristeza
sin olvidar el brillo de tus ojos.

X
LA SIBILA ACONSEJA A ENEAS

Si no consigues encontrar el oro
de las ramas doradas
ocultas en la selva de este mundo,
nunca podrás salir de los Infiernos.

Porque es muy fácil penetrar sus grutas,
incluso sin quererlo,
pero sin el retorno es viaje a la desgracia:
no recuperarás las perlas de la vida.

Busca, pues, esa rama adornada de muérdago,
busca el escudo de su protección,
pues con ella, sin riesgo, abrirás el misterio
de Tártaros y Elíseos
y podrás alcanzar
la amada plenitud y su secreto.

XI
BILHANA RECITA UN POEMA DE AMOR EN EL ÚLTIMO
PELDAÑO DEL CADALSO

Todavía recuerdo
tus ojos de nenúfar
cada vez que la luna
bebía la ambrosía de tus labios,
la azafranada línea de tu vello
cuando el sol moteaba
tu juventud de rosa.
Todavía recuerdo
el loto de tu piel

entregada al delirio
tardes, noches y días
de nuestro breve amor
empapado de carne.

No son solo recuerdos: permanecen
más allá de la muerte. Yo en ti vivo.

XII
LLAMA DE AMOR VIVA

La noche espera oscura,
el fuego palidece con su llama
y la amada procura
dejarse, mientras ama
el rostro del esposo que la inflama.

Ya la lira florece,
su llanto entre las cuerdas encendido,
y entre tanto enmudece,
de asombro retenido,
el sonoroso viento estremecido.

Siempre es así el amor.
El encuentro invisible, acompañado
de música: la flor
del canto emocionado
de todos los poetas que han amado.

XIII
SAFO MIRA AL MAR

Que una puesta de sol en el océano
dicen unos, y otros
que una tormenta azul en las montañas
o que el rocío pleno de los cuadros.

Qué más da lo que digan, Anactoria.
Solo hay una verdad: no existe nada
que pueda compararse a la belleza
de aquello que se ama tiernamente,
de aquello que sacude los sentidos
y que afloja los miembros de dulzor y amargura.

XIV
ROMANCE INCONCLUSO

Han pasado muchos años.
Aún vivo sin mensajero,
solo en la traidora cárcel,
solo, de esperanza yermo,
sin avecillas sonoras,
sin luces, como extranjero
de la tierra y de la vida,
enfebrecido de miedo,
sin saber cuándo es la aurora,
cuándo la noche: sin cielo.
Puede que hasta llegue un día
que nadie me encuentre muerto.

XV
PRO DALIDA

Ella acababa de cumplir dieciocho.
Tenía la inocencia de los niños
y la atracción de la mujer hermosa.
Estaba en el frescor de su verano
mientras que yo ya erraba por oscuros inviernos.

Impartía mis clases para ella
y le mostraba mi mejor semblante.
Le hacía sonreír.
Y cuando se acercaba de puntillas
hubiera dado no me importa qué
por seducirla muy calladamente.

Ella tenía dieciocho años,
el mejor argumento de su triunfo.
Y no hablaba de amor pues las palabras
de amor son muy ridículas.

Ella me dijo un día: "Te deseo",
quizás después de ver *Lost in Translation.*
Y el hueco improvisado de una cama
me llevo a descubrir la maravilla:
la armonía total de las esferas
en un cielo supremo.

Ella tenía dieciocho años
y la insolencia azul de las certezas.
Y mientras se vestía con dulzura,
volví, vencido ya, a mis soledades.
Porque hubiera querido retenerla
y sin embargo la dejé partir
sin necios dramatismos.

Ella me dijo en fin: "No ha estado mal",
con infernal candor de juventud.
Y regresé a mis clases rutinarias,
con rostro pesaroso,
pues había olvidado, simplemente,
que tenía tres veces sus dieciocho años.

DIALÉCTICA

TESIS
MENSAJE SIN FECHAR ENCONTRADO EN VLADIVOSTOK POR UN TRABAJADOR DEL TRANSIBERIANO

Igual se me ha hecho crónico
lo que ese autor francés conociera en Florencia.
O, a lo peor, es otro mal distinto,
esa espumosa nata
de contemplar estilos reiterados
en el rapto de Europa.

Amiens, León, Colonia, las ojivas,
los contrafuertes y las cabeceras,
ese aspecto de insecto repugnante
en Batalha, en Salisbury, en Palma de Mallorca.

O el horror al vacío de los templos barrocos,
calcados en Salzburgo y en Roma y en Venecia.

O las columnas rotas y amañadas
de Grecia y del Imperio,
da lo mismo que estemos en Sicilia o Atenas,
en Pompeya, o en Tréveris o en Nimes.

O el olor peculiar
de todas las iglesias bizantinas
en Rávena, en Moscú, en Constantinopla.

Son casi treinta años de periplo europeo,
de registrar sin tregua sus museos vetustos
y ver innumerables estatuillas
egipcias y esculturas mutiladas,
emblema del grotesco,

y figuras de santos penitentes
con sus vidriosos ojos nauseabundos.

Y si cruzas el mar, mejor te olvidas:
los azulejos y las oraciones,
las mezquitas de fe desesperada,
los mihrab y las quiblas que apuntan a La Meca.

Necesito otros aires y otros mundos,
o a lo mejor tan solo visitar a mi médico
y asfixiarme con química
y prospectos ajados.

ANTÍTESIS

MENSAJE DE UN SHERPA ENTERRADO EN EL EVEREST

Tanto oírles hablar de sus ciudades,
de sus cuadros, su música y su literatura,
que decidí gastarme lo ganado
subiéndoles oxígeno
disfrutando unos años de su tierra
y amando su cultura paso a paso.

Mucho tiempo después de asimilar
la dignidad hidalga en Miguel de Cervantes
y la belleza humana en Buonarroti
y la grandeza impar en los conciertos
de Bach, de Haendel, Haydn o Beethoven
y en la aventura amada de su ciencia,
he vuelto aquí otra vez para dar testimonio.

Los versos de Virgilio justifican al hombre,
y las notas de Mozart ponen orden al cosmos,
y las vistas de Vermeer ennoblecen la vida.
Son los hijos de Europa y la gloria del mundo,
porque Europa es el mundo.

SÍNTESIS

MENSAJE ORAL RECOGIDO EN ELSINORE DE LOS LABIOS AGONIZANTES DEL PRÍNCIPE HAMLET

Ahora que el veneno virulento
se adueña victorioso de mi espíritu
sé que no viviré cinco segundos
para alcanzar noticias
del continente amado
que forjó el firmamento y lo deshizo,
porque el resto es silencio.

HOTELES

Un hotel palaciego, desmochado, en Palermo
y una villa dorada de Palladio
a unos pocos minutos de Venecia;
la ruina, la pobreza, el ruido insomne
de un tugurio en Manhattan
y el lujo navideño de un salón
en un hotel de Viena;
habitaciones sórdidas
cerca de una bahía solitaria
y cerca de las cuevas de Guadix
un hotel recubierto de entelados
de rojo de burdel;
la gradación del esplendor antiguo
a la cochambre de la decadencia
en hoteles de Roma, de París y de Londres;
el contraste entre estrellas y boato
y los taxis mermados de urbes africanas;
y mucho más vosotras,
habitaciones de horas
 en la villa furtiva de Madrid,
que devolvéis sabores olvidados
de nuestra identidad enmascarada.

Hoteles que dibujan nuestra vida
en los espejos fósiles del tiempo.

PRO CORDE

Pobre víscera humana,
antaño portadora de emociones,
cofre de las esencias amorosas,
causante de noblezas y vilezas.
Y hoy solo un amasijo de válvulas y músculos
o en tantas frases hechas vocablo nuclear.

Quizás sea pueril adjetivarte
de gentil o cruel,
como en los años en que los humores
ocultaban, espesos, nuestra circulación.
Pero me entra un anhelo de salvarte,
con miles de argumentos de experiencia,
de los mecanicismos fisiológicos
que denuestan tu imagen de otros tiempos.

El sensor que me indujo a dejar el tabaco,
quien me avisa, preciso, del tictac invivible,
quien controla mi esfuerzo en las montañas,
y es testigo primero de toda excitación:
cómo puedes ser solo un artefacto
que impulsa una corriente en un circuito.

Cuando miro las nubes en los atardeceres,
tu ritmo se acelera;
cuando siento la paz universal,
lates pausadamente;
cuando pienso en la ausencia de la mujer amada,
tú marcas el compás de mi padecimiento:
cómo puedes ser solo un mero órgano
que mueva nuestra sangre.
Los antiguos erraban igual que los modernos.
El corazón humano es un enigma

difícil de abordar con raciocinio,
a veces un carámbano que adorna
las mañanas de helada,
a veces el hechizo repentino
de las llamas azules del vivir.

FETICHES

Ella rompe las cartas
que se escribieron hace muchos años.
Los rasgados son secos y dispares.
Monótonos a ratos, como la mar en calma,
a veces sofocantes, como un mundo sin viento.

Va extrayendo los sobres amarillos
de cajas de zapatos, amarillos
recuerdos despojados de existencia:
letras que no son dignas de relectura alguna,
palabras volanderas y fugaces,
en nicho de cartón embalsamadas
tres décadas, seis lustros, treinta años.

Y él, desde su despacho, oye el gemido
del papel que doblado inútilmente
guardara la ilusión y la promesa
de otro tiempo de rosas y de dichas
que se ajaron tal vez desde el principio.
Pues la vida es el eco de una sombra
sin posibilidad de fingir un pasado
feliz, satisfactorio, de amor lleno.

Ella rompe las cartas. Solo queda
la impotencia, el silencio y el vacío
que siempre encierran los fetiches rotos.

ESCARBO EN MIS RECUERDOS...

Escarbo en mis recuerdos y no encuentro
otra tarde impregnada de un azul Patinir
o un amarillo Bruegel,
como aquella en que fuimos, un miércoles de agosto,
al Museo del Prado y al jardín de Botánico.

Yo quería enseñarte mis cuadros y mis árboles,
hablar de artistas y admirar tus ojos,
estar cerca de ti como nunca lo hiciera,
disfrutar de tu vida dulcemente,
mientras llegaban ecos imposibles
de la revolución y de tu infancia,
de tus cálidos sueños venideros.

Y mientras se ponía el sol sobre Madrid,
te cogía la mano
y aspiraba la dicha de su tacto
y entendía, por fin,
por qué vale la pena
rozar la piel del mundo y atrapar la ternura.

Yo te contaba anécdotas de viejo profesor
y tu boca cerraba mis palabras,
deslumbradas de noche y de dulzura.
Yendo de bar en bar, nos abrazamos,
respiramos el barrio de las Letras
y hasta Cervantes mismo nos miró con envidia,
besamos nuestros labios,
el único momento de la noche
preñado de silencio.

Volvimos caminando y después no hubo nada.
He entrado en mi futuro,
que entreveo pintado con el negro de Goya.

RECÚERDAME QUE EXISTES

Recuérdame que existes,
que fuera de estos versos
tienes carne y olor, que resplandeces
en luchas enlutadas de fastidio,
que eres más que una imagen desvaída.

Devuélveme el vergel de tu sonrisa,
la aurora iluminada de tu voz.
Recuérdame que alientas
y te importan cadencias y sonidos.

Si no, sospecharé que fuiste un sueño
fugaz y necesario y mentiroso,
una sombra falaz de mi locura.

C.C.

Actuabas de viuda hospitalaria,
de trapecista en ciernes,
de chica con maleta o en bikini,
de enamorada fiel a la revolución,
de interesada cómplice de nobles de otra época,
siempre elegante, siempre seductora.
Tú eras para mí un emblema barroco
de cómo la belleza enseña a amar la vida,
de cómo un cuerpo hermoso troca inmóvil el tiempo.

Nunca hubiera creído que otra lección me diera
tu imagen proyectada en la carcoma
de la trágica edad y sus estragos.
Y yo, que hubiera sido eterno figurante
sin sueldo y sin desmayo de tus cintas
por respirar el aire que aspirabas,
te vi firmando libros en Madrid,
a tus 70 años
cuando eras el declive de una estrella,
libros con fotos viejas de tu Túnez,
y me quedé callado, con la pena
del que pierde su icono en un suspiro
y ve desvanecerse también su juventud.

EN LA PELUQUERÍA

Yo los veo caer, como manojos
cosidos con olvidos y silencios,
grises como un recuerdo sin alivio,
cristales enfangados de tristeza.

Las agotadas sílabas del burdo peluquero
se oyen frente al espejo, y sus desgracias
y las conversaciones sin sentido
y la radio que emite músicas estridentes
y programas absurdos.

Yo los veo caer, mientras contemplo
las guedejas de un niño,
los cabellos de un joven,
el pelo despejado de un adulto.

Yo los veo caer, tal cápsulas de tiempo,
del tiempo arrebatado de la vida,
como surcos y arrugas, como niebla.

Yo los veo caer, sin esperanza.

DE DUOBUS IMAGINARIIS AMORIBUS

TRÍPTICO AMOROSO

I ARMONÍA

Me he pasado la vida deshaciendo maletas,
leyendo con afán miles de libros.
revisando películas del Hollywood dorado,
alimentando el alma con música exquisita.

Pero tú me has cambiado en pocas horas:
Si tengo que viajar tu cuerpo es mi destino;
mi lectura, tus ojos; son mi cine tus gestos
y tu voz es la única melodía perfecta.

Déjame que me pierda en tu geografía,
que me ahogue en tus ríos, me despeñe en tus montes,
que encalle a voluntad en tus acantilados.
Deja que se emborrachen mis sentidos
con la literatura de tus besos,
que ruede muchas cintas con caricias furtivas,
que tus palabras sean mi sintonía eterna.

Deja que me enamore apasionadamente,
mientras tú te enamoras sin remedio.

II
12 PASOS: *NESSUN MAGGIOR DOLORE*

Violetas salpicadas de ponzoña,
calles, bares, museos, autobuses:
Madrid envenenada de recuerdos.

Bajan hacia Moyano
decenas de autobuses 19
que nunca abren sus puertas;
y las barcas del lago de la Casa de Campo
permanecen varadas
con un perfume de melancolía;
ya no llueve al salir del pub anglosajón
que sirve de homenaje al autor del *Ulises*;
ni se cruzan las piernas debajo de las mesas
de bares estampados en tarjetas cerosas;
y las exposiciones
que en un lustro pudieron visitarse
se resumen, palmarias, en un cuadro de El Bosco;
los cines solo exhiben
películas que cuentan siempre la misma historia;
diáfanos espejos del fracaso
son las calles que cruzan la de Claudio Coello;
los taxis compartidos ya no existen
y apenas soportable es el color icónico
de una empresa hotelera que robara su nombre
a un pájaro sagrado de la cultura egipcia;
y la felicidad ya no se halla
en esperar paciente en la escalera
de la gris Biblioteca Nacional
o en el museo de estatuas cobijadas
por el falso viaducto de Juan Bravo.
La purga del amor no se hace en doce pasos
y el recuerdo se encona en la desgracia.
Tú, sin duda, lo sabes.

III
RENACER

Nunca podrás llenar un vaso lleno
ni estampar un poema sobre un papel ya escrito
ni podrás respirar un aire puro
si no abres las ventanas que cerraste.
Un año nunca empieza sin que acabe otro año:
si nunca olvidas los amores viejos,
nunca podrás vivir nuevos amores.

B. *L'AMOR CHE MOVE IL SOLE E L'ALTRE STELLE*

I

Mística del adiós, y los adioses
a los cuadros, la música o los cielos.
Me estaba despidiendo de la vida,
de la voz encarnada de los grandes poetas,
de lugares viajados o apenas presentidos,
tal rosas del recuerdo
marchitando la aurora de los días.

Cuando llegaste tú,
como un soplo de aire en estancias cerradas
que arrastrase la ausencia
convocando la dicha, nuevamente.

II

Cuando llegue la noche,
me esconderé en tu pelo
y buscaré en tus labios la alegría.

Visitaré tu cuerpo
cuando llegue la noche
y serás mi refugio y mi sostén.

Ocultaré en tus ojos mi deseo
maduro y renacido
cuando llegue la noche.
Cuando llegue la noche,
cerraré la mirada para verte desnuda,

te entregaré la flor de los recuerdos.

Y un desvanecimiento repentino
nos llevará a otra tierra y a otra vida
cuando llegue la noche.

III

Conocerás lugares cuyo nombre
contiene las estrellas y el futuro,
lugares con la paz del nuevo día
y el horizonte de las emociones,
lugares no previstos ni en los sueños.

Cuando cierres los ojos, estarás en Shibuya
y besarás sus labios en Sirmione,
recorrerás sin pausa
la tierra de las aguas y el lapacho
mientras un arco iris ilumina las nubes,
coloreando siempre los silencios.

Bucearás en Silfra,
respirarás el aire de Florencia,
conocerás lugares cuyo nombre
te recuerde tus campos y tus árboles
y la ternura con que le mirabas.

IV

Son eternas las flores que has tocado
y las que no cortaste, temporales,
un suspiro sellado de belleza.

La margarita que escondió tu pelo,
la vïoleta que besó tu boca,
la rosa cuyo olor apuraste una noche
permanecen lozanas para siempre
prendidas en recuerdos silenciosos.

V

Tantos vuelos y trenes, carreteras,
tantas pisadas llenas de senderos,
buscando que los sitios se parezcan
al mundo imaginario de los sueños,
tanto idear destinos nunca hollados
que aclaren el sentido del misterio…
para acabar abriendo los enigmas
y descifrar el esperado centro:

El lugar perseguido se encontraba
en el punto preciso donde se hallan tus besos.

VI

Quería preguntarte, dulcemente,
cuántos recuerdos caben en un beso,
cuántas miradas forjan un suspiro,
cuántos silencios crean las palabras.

Pero encontré en tus ojos las respuestas.
Y ya no necesito de vocablos
para entender la suma inabarcable
de todos los te quiero que te digo.

VII

Unos duermen y otros entretienen
las horas infinitas de vuelos transatlánticos
en contemplar las nubes que cubren el océano
o en mirar, obcecados, sus juegos electrónicos.
Y, entretanto, tú apagas el ruido del motor
al pensar en un nombre que te recuerda a ella,
pronunciado en su lengua singular.

Unos días después. El vuelo de regreso.
Vuelven los pasajeros a sus ocupaciones
para aliviar, cansados y aburridos,
las horas de negrura sobre el éter.
Mientras, buscas insomne el halo de la Luna
para encontrar la luz de su presencia.

VIII

Me he vuelto a reencontrar
con un mundo teñido de aoristos
y batallas narradas con ablativos secos.

Después de 30 años, analizar sintagmas
con la forma de un árbol
y volver a leer en el viejo latín
hexámetros medidos vagamente.
Después de 30 años comprobar en Ovidio
toda metamorfosis de suspiros y amores
y degustar de Sófocles sus olvidados coros
y enredarse de nuevo
en el sutil juguete de la etimología
con la sorpresa del desciframiento.
Después de 30 años volver a declararme
con la lengua amorosa de Virgilio,
felicitar el año con palabras del Ática,
entregarse a la mímesis de los antiguos bardos
y aspirar nuevamente a la sabiduría
del Humanismo y sus imitaciones.
Ignoro si el dios Eros me encamina a los clásicos
y a sus lenguas precisas
o si apuntalan estas mi amor adolescente
con un perfume de filología.

IX

Dicen "viví lo auténtico"
los carteles del metro de Madrid,
invadiendo pasillos,
llenando los andenes,
invitando a una vida sin fronteras
al otro lado mismo del Atlántico Sur,
que en los mapas antiguos se llamaba
el Mar de Paraguay.

Mas yo no necesito su campaña de anuncios
para entender la esencia de tu tierra:
conozco tu país en cada beso.

"Tierra de encantos" dice
otro cartel del metro madrileño
en el preciso instante en que los árboles
van tirando sus hojas lentamente,
sus hojas agostadas lentamente,
como certero símbolo.

Desgaste inevitable del encanto
con lentitud premiosa,
sus hojas amarillas,
sus secos sentimientos,
que vemos que se pierden
tan solo cuando ya
definitivamente se perdieron.

No es quien muere el encanto.
Somos nosotros mismos.

SIRMIÓN

Perla de las penínsulas,
afamada Sirmión,
filo de hoja cortante en las aguas del lago,
maravilla preciada del Imperio.

Viajé desde Verona para verte
y hallé por todos lados el nombre de tu bardo:
los hoteles, las calles, las termas y las grutas,
el dulce que se vende en tus pastelerías,
todos con el remate de Catulo,
y entre villas burguesas
que remiten a Roma pobremente,
y la vista del agua y su neblina.

Que todo le recuerda,
aunque no queda nada
del poeta latino que a Lesbia hizo famosa.

Fui buscando sus versos
y descubrí, balsámicos, los días
en que volvió a su casa, hechizada Sirmión.

DE OTIIS ET NEGOTIIS

I
VALE, PROFESSIO MEA

Mi querido sintagma nominal,
mis trabajados textos humanísticos,
mis veneradas etimologías,
la precisa fonética de dialectos y hablas.

La secuencia de estrofas y de metros,
la filigrana y luz de la retórica,
todos los movimientos literarios,
mis autores amados, sobre todo.

Adiós, al fin. No sé si hasta la vista.

II
DE OTIIS MEIS

Leer bïografías del capitán Cortés,
pisar sobre las tierras que pisó Garcilaso
y adquirir ediciones de Catulo.

Deleitarse con láminas de mapas de otros tiempos,
contemplar las estrellas antes de que amanezca
y visitar castillos medievales.

Ver películas viejas en horario nocturno,
escuchar buena música quince horas al día
y escrutar las pinturas de los genios barrocos.
Barajar esos naipes ajados de la infancia,

atesorar las chapas de cientos de bebidas
y buscar apartados árboles singulares.

Recontar ilusiones como formas de ocio.

ÚLTIMAS VOLUNTADES

Mirar por la ventana
esas últimas nubes que los ojos verán
y ver escintilar las hojas de los chopos
mecidas por el viento,
volver a contemplar por vez postrera
la irrepetible magia de un paisaje de Vermeer,
recitar un soneto del capitán Aldana
y escuchar los acordes de un Mozart venerado
y expirar con tus labios en mi boca,
con el viaje soñado que contienen tus ojos.

POST MORTEM

Revisarán tus libros con desgana.
Se detendrán, quizás, en unos pocos,
aquellos que contengan papeles amarillos,
aquellos que presuman ajenos a tus gustos,
sin poder comprender tu selección
en años de paciencia y soledad.

Revisarán tus discos con premura,
sin comprender, quizás, que entre los clásicos
haya muestras de tangos y de piezas melosas,
de fados con perfume de crepúsculo y lluvia,
compactos como flecos de extrañeza
entre ilustres solistas afamados.

Revisarán también tu filmoteca,
tu canon de películas amadas,
y reproducirán algunas obras
mirando sus carátulas precisas,
sin entender, ninguno, la razón
de almacenar las cintas de obsoletos formatos.

Revisarán cajones y carpetas,
y encontrarán objetos que tú amaste,
sin entender la clave que los une y explica:
los naipes desgastados, los ajados juguetes
o los dados de hueso y las insignias,
las láminas de mapas de otros tiempos.

Encontrarán también pares de gafas,
tarjetas, sin olor, de restaurantes,
bolígrafos y lápices a medio usar aún
y señales de libro con tus dos escritores;
pasarán un minuto contemplando

las réplicas de Grecia y tu tapiz.

Y puede que asimismo alguien se lea
los versos que recuentan ilusiones
privadas, personales y apenas transmisibles,
compuestos con idea de eternizar lo efímero,
de luchar con el tiempo y con la muerte
para doblar su fuerza irrefrenable.

MOMENTOS ESTELARES

Fui testigo callado del instante
en que el emperador acababa su *Animula.*
Fui soldado a las órdenes del noble Garcilaso,
cuando atacó una torre de Le Muy.
Estuve en el traslado de los óleos
del Museo del Prado en la Guerra de España.
Y escuché de sus labios
las últimas palabras de Cervantes.
Acompañé a Cortés en la toma de México.
Y vi cómo pintaba
Velázquez su desnudo de una diosa.
Aconsejé, sin éxito, a Felipe Segundo.
Y vi caer de un árbol justamente la fruta
que inspiró a Isacc Newton sus ideas.
Y contemplé también de Miguel Ángel
su golpe de cincel dulce y postrero.

Solamente llegué tarde a una cita:
al tren que te llevaba
a lugares ignotos para nunca volver.

EL OTRO

Si no sales a escena, mi vida se transforma
en un lago salado
con sombras de malezas y de abrojos,
en un desierto gris cuarteado de voces
venidas de otro tiempo hacia el abismo.

Ausente tú, ignoro los silencios
de tierras despobladas, y los ruidos
de urbes alejadas de Occidente.

Y si no compareces,
me pierdo la emoción de las edades,
de las eras, los siglos, los milenios
y el sabor de los labios lascivos y remotos.

Por ti vivo las vidas no vividas,
las tierras nunca holladas y los imaginados
aromas de otros mundos invisibles.
Por ti poseo a Lesbia y por ti beso a Elisa.

No tardes en volver, que me acostumbro
a la mirada infame de la muerte.

SINE NOMINE

I

Por mucho que revises tus diccionarios griegos
no encontrarás en ellos la palabra.
Ni siquiera supieran idearla los clásicos,
ellos que los vocablos concebían.

Así que solo puedo sugerir lo que sientes
sin los universales del lenguaje
y sin la precisión de conceptos exactos.

¿Cómo decir este estremecimiento,
esta desolación, esta desgana,
este desvalimiento, este vacío
cuando en frente se pone la tragedia
de los seres amados, subyugados
por un tropel de dudas y derrotas?
¿Cómo explicar el hueco y la tristeza
y la impotencia y la melancolía?

No hay desgracia mayor, querido Fabio,
que verla reflejada en los seres queridos.

SINE NOMINE

II

Alguien de ti recuerda dulces hechos
de los que nunca fuiste muy consciente
o que olvidaste silenciosamente,
perdidos en los años y maltrechos.

Fragmentos detallados o deshechos
quizás pasen ahora por la mente
de otras personas que serenamente
evocan tus senderos satisfechos.

De otro es un suspiro de tu vida
y tú eres dueño de un suspiro de otros.
Sin dejar de ser tú, eres *vosotros*
de continua memoria compartida.

Así te ves, imagen y reflejo,
mapa sin completar, herido y viejo.

ME DISTE TU CUADERNO...

Me diste tu cuaderno de inviernos y de lobos,
como aquel que entregara su persona
desnuda en un papel.
Porque detrás de listas de objetivos,
de listas de deberes y faenas domésticas,
de versos en agraz que buscan su verano,
de hojas arrancadas
que sugieren vivencias en fragmentos,
te ocultabas mostrando tus secretos
y mostrabas ocultas ilusiones.
Yo recorrí sus páginas,
como el que abre un libro muchas veces leído,
porque en ellas estabas como te conocía
pero hallando además otra cadencia
de tu manera de mirar el mundo
y su mezcla de duda y juventud.
Pero, apenas, vencí la tentación
de escribir otros versos en tus hojas
para decirte solo
que tardará el invierno,
que te esperan veranos, primaveras
y la belleza amada de los amaneceres
cuando abras los ojos y se encienda tu vida.

HE OLVIDADO TU NOMBRE

He olvidado tu nombre,
apenas entreoído en un bus atestado.
Varias veces lo oí durante diez minutos,
deseando que el tiempo se parase
tras conseguir el sábado perpetuo.

He olvidado tu nombre, no tus ojos,
ni la dulzura de tu voz, callada,
mientras serenamente respondías
las constantes preguntas de tu abuela
y mientras evocabas el amor de tu madre.

Tendrías nueve años, o algo menos.
Pero cualquiera hubiera adivinado,
en la amorosa luz de tu mirada,
plena de intensidad y de hermosura,
tu futura existencia,
que hubiera compartido sin dudarlo un segundo.

Qué desgracia de vida.
Nunca llegar a tiempo al mar que se desea,
avistándolo siempre como un manjar de Tántalo;
ver pasar la ternura y ver su pérdida;
la belleza intocada de la nubes,
efímera, tal nombres olvidados.

POSGUERRA

Los caramelos Saci,
el agua de Litines,
el repugnante hedor
de un bote oscuro de Vicksvaporub,
el cilíndrico Flit
con DDT nocivo,
la aporreada Fercu,
la digestiva quina de Santa Catalina,
los marcos de formica laminados,
y el pegajoso escay de los sillones,
la Uralita ondulada.

Las últimas imágenes de la infame posguerra,
digo de la pobreza.

COVID-19

Como todo el planeta, confinado,
he matado las horas revisando mis libros,
mis discos, mis películas, mis amados recuerdos.
Con un breve vistazo me bastaba a menudo,
salvo en esos objetos especiales
en que me demoraba largamente.

Y a nada más que a ti mi tiempo he dedicado,
tú, mi primer CD,
que llegaste a mis manos cuando aún no tenía
manera ni instrumentos para reproducirte.

Por eso te recuerdo:
me pasaba las horas mirando tu carátula,
de un dorado perfecto en que sobresalían
Pavarotti y Joan Sutherland cantando *La Traviata*.

Ahora que te he escuchado tantas veces,
vuelves de nuevo a mí para decirme
que sí, que existe música
profunda y verdadera
para curarnos de canciones bobas
y de himnos estúpidos
que suenan a las ocho de la tarde,
también para curarnos
de las caceroladas venenosas.

PARECE QUE ME MIREN...

Parece que me miren y supliquen:
"Danos de nuevo una oportunidad,
vuelve a ocupar tu tiempo en nuestras páginas,
porque quizás leíste a la ligera".

Pero me es imposible.
Porque entonces renace el suplicio de Sísifo
y vuelvo a ver la roca y la colina,
lleno de desamor y de pereza:
el Clamor de su Cántico,
los ángeles de Rilke,
las bobadas sin fin de Juan Ramón,
el eterno soneto repetido
del poeta de Arezzo,
las locuras de Hopkins
y no sé cuántos más que desterró el olvido.
Afortunadamente me acompañan,
para evitar la culpa y sus chacales,
mis amigos de siempre,
los que siempre me hablan
con las palabras imperecederas,
los poetas que fueron mi destino.

RETRATO DE DURERO

Desde hace unos meses te miro cada día,
la copia de una copia que no he visto,
colgada en mi despacho
tal sucedáneo leve de la aurora
con la que nace al mundo la belleza,
tú, joven veneciana,
imagen de un maestro venturoso,
el retrato perfecto, si eso existe.

Miro incesantemente tu pelo ensortijado,
miro tus coralinos labios rojos
y tu mirada roja en fondo negro,
cómo cambias, muchacha,
con el lento cambiar de la luz cada día.

A veces me imagino la experiencia
de liberarte de la redecilla,
poseer el crespón que pende de tu hombro
como emblema posible,
vivir en la Venecia de otro tiempo,
pasear por sus calles y canales
para encontrar tus ojos en encuentros buscados.
A veces me imagino
muerto hace cinco siglos respirando tu boca,
creyendo en una vida más allá de la vida,
donde cerrar los ojos sea abrirlos
para mirarte idéntica a este cuadro
irrepetible y pleno de Durero.

CALENDARIO PERPETUO

Con leves movimientos digitales
un instante le basta a la pantalla
para llevarme al año 39
o lanzarme enseguida al 3022.

¿Qué hubiera estado haciendo
en el 121, con el gran Adriano,
o qué me esperaría
en el mundo increíble del 4040?
Saberlo es imposible:
solo con la ficción se reconstruye el tiempo.

Yo ahora reconstruyo, mientras vivo,
el 3 de julio de este 2020
para dejar constancia, nuevamente,
de que lo que no existe nos importa
mucho más, a menudo,
que lo tangible y pleno.

ENVÍO

Tú, que a ratos sostienes la ficción de mi vida,
que proyectas los sueños sobre un fondo azulado
y que das un suspiro a mi tristeza.

Tú, que siembras rocío de esperanza
y esparces flores, delicadamente.
Tú, la rosa y su nombre, el surco herido.

No mueras en cuartillas manuscritas
y tu destino alcanza cuanto antes,
libro humilde de todos mis recuentos.

POST SCRIPTUM

No sabría decir si existe un poema que no tenga elementos confesionales. Pero sí puedo asegurar que en cualquier obra lírica predomina el componente ficticio.

Hacer poesía quizás no sea otra cosa que un propósito de recuperar momentos del pasado, vivencias personales y emociones profundas o pasajeras. Pero cualquiera que se acerque a este quehacer se inventa a sí mismo con total sinceridad, aunque sea de forma inconsciente.

Confesión y ficción, la poesía no puede ser así sino un recuento de ilusiones, un balance de nuestros más encendidos deseos y una muestra inevitable de las imágenes fantasiosas ligadas a nuestra biografía.

ÍNDICE

Primera parte, 11

Segunda parte, 71